TRIPAS DE PESCADO

TRIPAS DE PESCADO

Jorge Fernández Gonzalo

Colección
YEDRA

© Jorge Fernández Gonzalo

© Ilustración de cubierta: Jorge Fernández Gonzalo (IA)
© Fotografía de solapa: Jorge Fernández Gonzalo
© Ilustración Colección Yedra: Ana Cano

Edición en colaboración con el Ayuntamiento de Piedrabuena y
la Diputación Provincial de Ciudad Real.
Universidad Popular.

© Ayuntamiento de Piedrabuena (Ciudad Real)
© Añil desarrollo gráfico, S. L.
Mahalta ediciones es un sello editorial de Añil desarrollo gráfico, S. L.
www.anil.es
www.mahalta.es

Colección Yedra n.º 30
Colección Adivinos n.º 26
Primera edición: Octubre 2025

ISBN: 979-13-990232-2-0
Depósito Legal: CR 948-2025

Impreso en España
Diseño y maquetación: Añil desarrollo gráfico, S. L.
Impresión: Safekat, S. L.

Un jurado compuesto por Sergio García Zamora, Pedro A. González Moreno y Nuria Ruiz de Viñaspre, otorgó a este libro el XXVI Premio de Poesía Nicolás del Hierro, convocado por el Excmo. Ayuntamiento de Piedrabuena. Como Secretaria actuó Mercedes Navas Laguna.

TRIPAS DE PESCADO

Libro I
Taumafagia

LA ÚNICA BELLEZA que nos queda está en el hueco de las cosas.

Me hallo ante lo roto del paisaje y el jazmín invisible me acompaña.

Pienso, con las manos desnudas y blancas como piedras, en lo irrecuperable.

No hay palabras que dicten el saqueo, no hay arpón o hacha o arcabuz con que tomar la presa. Nuestro silencio encuentra forma de avispero o esófago, y la palabra es su evisceración. Quisimos desentrañar el sentido de las cosas y hemos acabado abriendo una herida abdominal en las palabras.

Decir, herir: da igual. Todo poema es un rasguño.

No hay modo de sutura en el poema. El significado de este polen, del cuello de las palomas o de aquellos alerces es una hemorragia incontenible. ¿Cómo no ver el sentido de las cosas como una sangre indescifrable? Una sangre que no nos pertenece. Lo vulnerable de la sombra.

Decir para borrar, para limpiar el exceso de los seres como molestas tripas de pescado.

ABRO EL POEMA y froto en él una mancha que no acaba de irse, una mancha que nunca disminuye. Pienso acaso si yo soy esa mancha.

Trato de darle lustre a cada verbo, emplear adjetivos indoloros, convocar el sentido de los árboles; al final, sin embargo, sobrevuela la pátina del tiempo. Las palabras sirvieron para intereses varios (no siempre respetables) antes de que crecieran en mi boca. Con ellas alguien batalló, amó, arrinconó de miedo a sus hijos o hizo fulgir los ojos del amante. Quiero quitarle todas esas manchas.

Enjuagar las palabras, higienizar las proporciones, sanear los regueros sintácticos del pasmo.

Tomé entonces los manuales de retórica como programas de lavado: centrifugado suave para los nombres que pusimos a nuestro deseo adolescente. Silenciar la ropa oscura con la que recorríamos unos pronombres posesivos. Poner a sesenta grados la nostalgia: que no quede ni un ácaro de ella.

Mis palabras seguían embadurnadas por la mancha que soy, los restos de grasa con que mi voz ensucia el ala hirviente de los ruiseñores.

Finalmente, decidí lavarlo todo a mano.
Tocar el mundo y su simiente muda.
Frotar hasta que sangren nudillos.

RECONOCE TUS HUELLAS en todo aquello que ha de destruirse para alentar nuestra fascinación. Somos seres *taumáfagos*, devoradores de las maravillas. Hemos aniquilado los asombros. Una raza que cesa sus lenguajes ante la noche bautismal y sacra. Solo nos sirve aquello que se enquista, las astillas fugaces del hallazgo, lo que entorpece el vuelo o se requema. Voracidad de los milagros: hemos calcificado los enigmas y oxidado los sueños. Pregúntate qué pájaros querrán beber así de tu silencio. Qué lentos pasillos de hospitales recorrerán la hez de tu memoria. Pregúntate por la cabeza seccionada del suicida (¿en qué poema la guardaste?).

Te has ganado la sed: enhorabuena.

Qué pavorosa desmesura la de los estorninos que cantan sin asfixia.

LA POESÍA, como mamíferos carbonizados, cicatriza las heridas del sueño.

Anoto los detalles de la pérdida. Bordeo su cadencia, lamo terriblemente bien el hueco que despiden las acacias, las variaciones del vuelo del albatros o de los cuerpos cóncavos.

Tengo el poema. Y con él toda vuestra ausencia ahora es mía.

IMAGINA LA LUZ que cae sobre la encina. Una luz larvaria que teje territorios entre las hojas y los frutos. Cómo se ensarta en sus porosidades y describe, sin palabras, la espesura del alba. ¿Para qué la poesía en este bosque, donde la vibración de la mañana ha convocado la materia? El polvo del camino pareciera querer borrarlo todo, para después volver a componerlo. Qué invisible quietud. Y cómo se desgarran las palabras, los nombres, con que quisimos aferrar aquello. Todo poema es siempre una derrota. Lo indestructible de la encina, de la luz horadando los seres y sus cauces, no puede ser nombrado. Hay un silencio blanco que es un pájaro. Un pájaro al que nunca bautizaste.

El poema es esta suavidad en las uñas con las que descubrimos la avalancha, el modo en que escarbamos en la nieve y descubrimos, todavía enterrados, los nombres de las flores que ha borrado el invierno.

Vuelve a poner la nieve como lápida.

MI EXPLORACIÓN de los límites de lo desconocido comenzó con un sencillo gesto, basado en la cándida observación del recorrido de los escarabajos. Frente a los decididos coleópteros, yo pretendía conquistar ingenuamente los extremos del cosmos. Anhelaba la sabiduría ancestral de las galaxias, la leche eterna que da sabiduría –pero también sosiego–, que se teje en la luz y cose las fronteras. Claridades de hilos y de agujas, de límites bordados, de remiendos que evitan la fisura. Pero el sentido último habitaba en el centro: un centro en que abrasarse, la incandescencia íntima de todo lo decible, el lugar donde la piedra reconoce su peso más que su dureza. Ahí, en el centro húmedo, en la parte mojada de la piedra (no en la tierra reseca, sino en su corazón hecho de lluvia), ahí desovaron los escarabajos. Y ahí escribí también estas palabras, defecaciones místicas con que poblar de hierba los senderos, con que decir (decirte) en lo profundo.

LA RAZÓN ES un pájaro.
Démosle caza antes de que anide en las cuencas
vacías del poema.

Los vilanos del chopo cubren la piel de los adolescentes. ¿Puede haber algo más frívolo que la poesía? La luz no encuentra cauce: se derrama. Es abril quien descubre los regueros del día. ¿Tentar, acaso, los nudos del lenguaje o las salpicaduras de sus versos? ¿Sentir cómo embadurnan el silencio súbito del polen?

Los vilanos del chopo y el anuncio de días sin aurora.

Era la juventud lo que asaltaba el parque. Tu juventud, acaso. Y la perdiste. ¿Cómo entonces afincar el poema en lo errado del ojo, custodiar lo imposible de la niebla, surcar los mapas de lo efímero? Dejadme que me lleven los vilanos salvajes, su lluvia de semillas, los recuerdos.

Pues la espera es lo único que une a lo sagrado.

PREGÚNTATE CUÁL ES el reverso de la hoja, si es que tiene un reverso, si hay un envés para los seres y qué paisaje los acoge. A veces no queda otro misterio salvo entender que todo fue verdad, que debimos tentar una mentira en que salvarnos. Quizás en el envés de las hojas de almendro. Quizás en muestro rostro al otro lado del azogue, en unas variaciones que confirmen el resplandor sagaz de los espinos. Tal vez una punzada nos lo advierta: hemos llegado al mundo que dejaron atrás nuestros suicidas.

LA POESÍA EXISTÍA en el corazón arrancado del caballo, como grumosos coágulos que hubieran infestado las lombrices. Para entrar en el territorio del hambre no es necesaria documentación alguna. Por eso su función, la función de toda poesía, era sellar las grietas que certifican la putrefacción. La realidad está incompleta, el absoluto oculta sus mutilaciones, pero el poema cubre lo que exuda: fístulas y ranuras de tiniebla.

No hay cicatriz sin las palabras. Y el lenguaje dibuja una discontinuidad de pájaros con la que recubrir sus oquedades. Respiremos sus huesos. Olisqueemos la mansedumbre de estos páramos para talar el arbusto azul de lo impensable. Al ritmo del pulmón, al ritmo con que canta la materia. La realidad es una masa blanda que palpita ante el tacto de la luz, restos de un animal descuartizado.

Los rasguños celestes del poema, su silencio abominable. Habitamos con júbilo sus vísceras.

Mis alvéolos saben la contraseña lunar de la madrépora, sus tejidos y líquenes celestes. Reconozco el verdor del rododendro, lo respiro y consagro mis días a su estudio. Hay en la intensidad de lo invisible un sonido de dientes, un cansancio larvario indescifrable: que no entre la palabra *oscuridad* en el tejido de mi respiración. Que no entre tampoco la palabra *luz, luminiscencia*, el campo semántico de claridades impostadas. Mi saber es del orden de los ahogamientos, una perplejidad de las asfixias. He comprendido al fin la paz de los océanos y el código del liquen, las raíces ocultas con que mi rótula y el fémur convocan humedades. *Se corresponden perfumes, colores y sonidos*, se corresponden los enjambres babélicos de las palabras, las traducciones miserables de un instante inasible, porque solo existe aquello que puede repetirse y

solo lo repetible puede herirnos.

La oruga muerde las hojas invisibles de la encina y les confiere su existencia. Ahora el árbol es árbol.

Por eso es necesaria la poesía.
La realidad requiere de lo que la destruye.

Una brisa lejana arrebata el aroma de los tilos, lo empuja por las calles, desperdiga sus haces hasta desvanecerse. Con él va tu memoria.

Comenzó ya el verano y la exudación del tilo, pero el verano siempre se repite, siempre resuenan por sus ramas los días soleados de tu adolescencia: cuerpos inmarcesibles que atraviesan las calles, la tentación que asoma en cada labio, extrañeza del agua reclamando tu piel.

¿De verdad existieron aquellos días en los que la amapola señalaba el camino de los cuerpos? ¿Fue real el aroma de los tilos, su frescura inasible? Hay en los días de verano concesión a la fábula, un secreto que albergan las semillas, en donde se produce la evasión de los signos hecha gozo, hecha alondras tal vez.

Sabedlo: el mundo no ha existido, todavía no existe aunque lo inauguremos
en la voracidad de las alondras.

Libro II
Teoría del dolor

HE VENIDO A hablaros del dolor. El dolor que es una aurora cárdena en los huesos, un ciempiés recorriendo levemente los músculos.

Nota: el sabor a metal bajo la lengua, indicio inconfundible de disgeusia (alteración del sentido del gusto), también puede ser la antesala de un ictus.

El dolor es un ala que quiere echar a volar dentro de mi cuerpo, aunque nunca sepamos de qué pájaro. Acaso un mirlo atrapado en la intersección oscura de mis venas, un herrerillo fugaz en mis arterias. Su vuelo me hace daño. No hay crepúsculo que valga en las junturas de mis tendones y los huesos. No hay amaneceres en la asepsia del tacto. El dolor es mi ventriloquía: habla por mí, me nombra. Incluso me desdice. Bienvenidos al espectáculo de este cuerpo que sufre. Vosotros veis el vuelo. Yo siento el roce agudo de sus plumas. Aún albergo la esperanza de que un día los pájaros que habitan en mi sangre se silencien.

El DOLOR RECORRE mi cuerpo como una anguila, deformando mi piel como el calor de los motores ondula los perfiles del asfalto. Escribir era saber de qué dolor estabas hecho: palpar la arena tibia donde la vida deja sus pisadas. El modo en que el camino se vuelve transparente cuando nace la herida que lo guía.

El dolor no puede mecanografiarse. El dolor es la sangre de la letra. Imagina sentir una carencia en tu propio cerebro. El pensamiento como un miembro amputado del suicida, como vegetaciones en la casa abandonada que nadie quiso restaurar. Una falta escondida en ti como un hurón en una madriguera. Hay roedores enfermizos que confieren certeza a nuestro cuerpo.

Describir el dolor es tratar de quitarse los grilletes del labio. Separar los tallos del convólvulo y decir qué espesor de animales invisibles nos recorre por dentro. *Doctora, este es mi dolor*: atrás quedaron las fibras del aroma reciente del hibisco, la brisa entreverada de parejas de pinzones hurtados, y ahora solo me conformo con estos puntos de sangre que apelmazan mi campo de visión, la tráquea recorrida por plumas afiladas, los pulmones colmados de versiones inhóspitas de erizos. *Qué me ocurre, doctora*. Me duele aquí y en lo rugoso de las tardes que no ofrecimos a otro cuerpo. Aquí y en los silencios que poblé con orquídeas y blasfemias. *Será grave, doctora*. Un zumbido blanquísimo se palpa, se hace filo, aguijonea el esternón y ocupa mi cavidad torácica como una bestia que corroyera tallos y raíces. Siento que me separa en dos el pecho y que un hocico mojado lo inspecciona. No sé si con nombrarme estoy cebando al animal insomne del dolor. No sé si se alimenta de palabras.

He aquí mi dolor: no puedo describirlo sin pincharme.

Estamos condenados a no ver nuestro propio cuerpo. Hay una densa oscuridad que lo atraviesa. La negrura ontológica de no poder nombrar el ser, de no saber si soy un cuerpo o lo poseo, si soy solo un cúmulo de sinapsis nerviosas que piensan en lo fallido de su *hardware* o si soy mi materia sintiente y discordante. Pero hay también otra oscuridad que me define: no puedo ver mi cuerpo. Sé que todo está ahí, que el hígado y los alvéolos llevan a cabo su trabajo, sea cual sea, pero todo sucede en una noche abominable, austera niebla sobre los estuarios. Es terrible pensar en esa noche de los cuerpos, de la que ninguna escatología pretenciosa, ninguna pornografía, podrían salvarnos. Quizá el dolor no sea otra cosa que el intento desesperado por sobreponerse a la ceguera pasmosa de los cuerpos, por dotar de lenguaje a sus noches orgánicas. Soy una gruta tenebrosa y mi dolor la única linterna que logra iluminar sus galerías. Pienso en un mirlo negro: eso tal vez sea mi cuerpo. Un mirlo asustadizo y negro.

LA VIDA NO puede ser esta fragilidad que nos deja cubiertos por los orines de los perros. No puede ser esta indefensión de liebres ateridas ante el frío. ¿Cómo será vivir en el deseo de los otros? ¿Cómo será habitarlo, alzar allí una casa, hospedarse en un deseo calcáreo, decidido, un deseo que pusiera la savia o una flor de los álamos blancos en tu boca? Me lees y no te atreves a romperme. No te atreves tampoco a desearme. Rómpeme como una rama quebradiza pues mi dolor ya ha hecho parte del trabajo. Rómpeme con tu amor o tu desprecio, pero no recompongas con tu lástima estos trozos de ser desvencijados. La vida no puede ser este ramo de tulipanes azules que entregamos a los labios del suicida. La vida ha de doler furiosamente. ¿Qué debo hacer, entonces, del dolor? ¿Qué pájaro o insecto hacer de él para volar sus alas tumorales?

ÉRAMOS JÓVENES Y entonces nuestro cuerpo se construía en el deseo. Qué lejos quedan hoy aquellos días, cuando ahora mi cuerpo se define en el dolor. Un cuerpo solo es la interrogación del sufrimiento, de las laderas húmedas del llanto. Quiero pensar que mi padecimiento es una bestia nacida del olor a quirófano y cloruros. Pero ¿de qué animal se trata? Una oruga azul en el centro del cerebro, un ciempiés acariciando la membrana interior de tus pulmones con sus patitas diminutas, una mariposa aleteando en tus venas obstruidas, a punto de cerrarse en la crisálida formada por tu ventrículo derecho. Sería maravilloso imaginar un ataque al corazón como una *Danaus plexippus* habitándote, ralentizando tus pulsaciones con su aleteo pausado y persistente. O una *Apis mellifera* libando silenciosa la sangre sucia de tu bazo a causa de la sífilis. *Pyrrhocoris apterus* abriéndose camino por la concavidad de tus eczemas. *Cicada orni* tintineando en tus oídos. *Anobium punctatum* convocándote insomnios. La vida no se gana ni se pierde, pero a veces hay en ella una flor amarilla que la hace dulcemente innecesaria.

CREO QUE SOY tan débil como una azalea que no ha logrado superar el invierno. Creo que mi dolor es nieve. Tan blanca, tan pura que nadie debería pisarla. *No piséis mi dolor: en él habita lo invisible.* En mi dolor el diente de la bestia roe el universo. *Ah, qué verdad se engendra en los cubiles de mi cuerpo ante el padecimiento y sus reverberaciones. Ah las ingenierías del martirio como arquitecturas gozosas del saber. Ah las caléndulas fecales que aprisionan el sentido de lo absorto.*

Bienvenidos a una mística carnal. Alabados sean la podredumbre y los cerezos. Mística de la corrosión que ralentiza la piedra y descubre lo absorto en su perfil más húmedo y secreto.

Artaud el poeta, el loco, aquel cuyas pupilas conocieron la desintegración del universo, sentenció que el dolor era su origen. «Yo he nacido de mi dolor», escribió mientras le ardía la garganta y era obligado a escupir esqueletos líricos de roedores. Artaud huye de la tentación cristiana de alcanzar la verdad a través del padecimiento, de las laceraciones, las torturas, como abandono carnal para elevar su espíritu a los cielos. No: el cuerpo nunca fue el despojo, la cáscara que hubiera que romper, un trampolín hacia el espíritu. El dolor es la certeza de un cuerpo, encarnación sagrada del insomnio. El dolor es el único destino. Llegar, por el dolor, a una forma inefable de poesía, pero también de corporalidad. El desgarro bíblico le resultaba demasiado literario, sus abismos excesivamente estructurados y retóricos; Artaud sentía dentro de sí un apasionamiento doloroso y un inconformismo que lo empujaban a abandonar toda afectación. Artaud era dolor, era temblor, desgajamiento de todas las instancias de su ser. Y eso no podría ser literatura. Se trataba, sin más, de un cuerpo derrotado.

TODO DOLOR ES un dolor fantasma. ¿Qué certeza hay de que este sea mi cuerpo?

Pienso en mi cuerpo como en racimos de lavanda. El aire los asume, los envuelve, y su aroma se entrega a los designios de la brisa. Reconoce sus pálpitos, su olor azucarado, y cómo vaga por el mundo en la abrasión de agosto. Un cuerpo siempre es un enigma.

Hurgo en mi oído con la insistencia del pájaro que tratara de libar el polen recóndito del lirio. Me asombro por la rima (oído-lirio) y quiero hacer retumbar en ella una música a la que soy incapaz de darle nombre. Quizás mi cuerpo esté unido a los sonidos por un hilo invisible. Toda rima es un hilo, todo poema es un tejido. El dolor es un álamo y yo soy solo viento.

Las palabras están creciéndome en las sienes, pinchándome con todas sus raíces, germinando violetas en mi cráneo. Creo que soy la sombra de un jilguero o que me vuelvo mancha y desvanezco. Que no podría acariciar la sombra que me asedia. Que yo soy mi fantasma.

Y mientras tanto me pregunto
si acaso puede haber esperanza en el dolor.

MI CUERPO se abre como una guadaña antes de atravesar las telas del otoño. Podría pensarse que el dolor tiene forma de cuchilla, de azada, acaso de un arma mortificante y puntiaguda. Pero el dolor es un ave: hay una alondra negra refugiada en mis padecimientos. No se me ocurriría ahora mismo otro modo de concebir mi dolencia que no fuera azucena o avecilla, que no jugara ingenuamente entre los recovecos de la herida. Mira cómo cabrillea entre las piedras y los valles este cáncer, pienso; el modo en que cualquier tumor maligno podría remontar el vuelo y agendar la luz de la mañana en sus itinerarios, me digo; la trepidante búsqueda de luz y certidumbre que desata todo enfisema pulmonar. Entendedme: ya he quemado cien mil vidas humanas por la fuerza de mi dolor. Conozco todos los padecimientos, las ignominias del cuerpo y de la mente, la neurosis que azota el pensamiento como una ventolera nocturna entre los sauces. Un dolor mío, personal e intransferible, con el que protestar ante la mentira de estar vivos.

EL DOLOR ES una cierva que ha encontrado el modo de beber el agua que se encharca en mis pulmones. No podrá el cazador dar muerte a su pureza.

Trazo las genealogías de mi dolor, los mapas de mi padecimiento. De pequeño un cristal me traspasó el muslo derecho como si una espina atravesara el dorso de la tarde. Mis quejidos mojaron el campo de amapolas y espliego en que jugaba. También recuerdo haber corrido en el viejo pasillo de casa de mis padres y tratar de sujetar un jarrón tambaleante antes de que se estrellara contra el suelo. Sus pedazos sesgaron una de las falanges de mi mano derecha. Conservo la cicatriz y las marcas de los puntos de sutura: su forma de constelación me recuerda al infinito, un dolor babilónico que ha quedado atrapado en la memoria de los niños.

Sé que el poema no es el lugar de lo biográfico, que las palabras devoran lo vivido. Pero pienso a menudo en el dolor como en oscuros peces que hubieran desovado por mis vísceras. ¿Cómo llegaron hasta ahí sus ansias oceánicas?

Durante mucho tiempo sentí cómo mis músculos se estremecían. De repente, comenzaban los pálpitos, con movimientos secos, reiterados, que parecían el latido diminuto de una cría de ave. Hoy volvieron a mí. Sentí, apenas un minuto, su bamboleo misterioso, el mismo que notaba en los lejanos años de mi adolescencia.

Puedes sentir también nostalgia del dolor.

ME IMAGINO a veces sin un cuerpo, a la sombra de blancos abedules. No tengo cuerpo y el día no reconoce mis achaques. Puede la hierba así crecer sin pausa, rodearme, engullirme en una bocanada fresca y armoniosa. Carecer de mis manos, de mi boca, de mis gestos, y que las mariposas amarillas rodeen el pozo abierto por mi ausencia. Ser ahí, en la oquedad sin márgenes. Ser yo mi propia herida y no mi cuerpo. Tocar entonces la existencia como si fuera lluvia o el curso de los astros que convoca mareas, rinde tributo a lo inefable, besa el olor caliente de la rosa. Lamer la vida sin mi lengua, escuchar su cántico poroso, sus mirlos celebrados, sin oídos, porque el dolor es una brecha que se abre entre los cuerpos y ahora yo quiero ser esa fisura, quiero abrir el pulmón de la tarde y respirarlo, quiero ser el tumor que ciegue los ojos de los jabalíes, la fístula que sangre en el esófago del arce. Dejadme ser el enfisema que ahogue a los ganados, el parásito que desgarre los intestinos de los petirrojos, el cancro que devaste la corteza blanca de los abedules. Déjame ser la enfermedad y tu dolor.

He vivido del lado equivocado.

Hᴀʏ ᴀʟɢᴏ sᴜᴄɪᴏ en todo cuerpo que no se corresponde con las vísceras o con las flatulencias derivadas de la digestión. Una suciedad que tampoco es la suciedad moral de querer poseer un cuerpo vulnerable. Más bien se trataría de una suciedad armoniosa, perfectamente ordenada, que tiene por residencia el tejido acuoso de los cuerpos.

Mientras otros hablan de las propiedades curativas de la escritura, yo solo sé internarme en el poema como por una enfermedad. Soy mordido, aguijoneado, infectado por sus patologías invernales. Creo que la literatura es una dolencia, la ulceración definitiva del paisaje. Mi palabra es la llaga; la música del verso un enfisema cósmico.

Alabado sea mi dolor.

Leo distintos nombres de venenos y pienso en qué hermosas flores habrán sido las encargadas de destilarlos. El Diazepam me hace soñar con adelfas blancas al mismo tiempo que amortigua el espasmo involuntario de los músculos. Imagino el Tetracloruro de carbono elevándose sobre los alhelíes corrompidos con los que apartar de mí toda idea de pérdida. Los barbitúricos serían una trepadora (buganvillas, tal vez) que reverdecerían mi flora intestinal para dejar después una flor púrpura sobre mi cadáver. Imagino fórmulas inexactas, alquimias imposibles entre las flores y sus nombres, con las que macerar mis versos (mis venenos). «Cuánta pureza –canto entre las fibras del lenguaje, en los tejidos amarillos de mi insomnio–, cuánta pureza hay en todo aquello que podría destruirme».

Dejadme dudar, frente al poema y el veneno,
cuál es el hueso limpio de la vida.

Todo el mundo tiene derecho a imaginar de qué animal está hecho su dolor.

Imagino arañas dentro de mí que persiguieran, incomprensiblemente, oquedades en las que guarecerse. Bajo el tejido gástrico, entre los alveolos pulmonares, en las secretas glándulas de Brunner, mi dolor se resguarda, acampa, espera apostado la señal, para después expandirse meticulosamente hacia los órganos. El dolor es una identidad. Yo quería haber gobernado las montañas allá hasta donde se extiende mi mirada, haberme bañado desnudo en todos los arroyos, con insolencia juvenil. Quería volverme nadie en un baile de máscaras. Y sin embargo estoy encadenado a este dolor, el dolor de cientos de diminutas bocas que me llamaran por mi nombre. Sé que todas sus arañas están desovando dentro de mi cuerpo en el preciso instante en que una punzada recorre un punto indistinguible de mi torso, situado en algún lugar de mis entrañas. Percibo cómo se alimentan, cómo tejen su red en mi interior, cómo rapiñan mis adentros.

Qué alivio haber encontrado información en internet sobre la existencia de arañas dentro de los cuerpos. En 2014, un turista australiano de 21 años se despierta con una extraña sensación en el ombligo. Un pequeño punto rojo aparece en su piel. Los médicos le administran pomadas, antihistamínicos, le susurran remedios de la abuela, acarician su vello adolescente y medican su exaltación incontenible, pero no ocurre nada. Pocos días después el punto es una línea, ha ascendido ya treinta centímetros y ha dejado a su paso una hilera de ampollas. El dolor se vuelve insoportable y el chico acude al hospital. Allí lo conducen al quirófano, limpian el bisturí con etanol y le rajan la piel: bajo la dermis, una araña rojiza, venenosa, que había escarbado su cuerpo varios días, es extraída para alivio del paciente.

El nombre de aquel chico (esto es real, se puede consultar en internet) es Dylan Thomas, un don nadie con nombre de poeta y una vaga tendencia al suicidio.

Y las arañas no tendrán dominio, bromeo, al leer la noticia.

Qué alivio saber que las arañas pueden pudrir un cuerpo desde dentro.

Mis órganos, mis criaturas, mis artrópodos.
(Tranquilidad: hay sufrimiento para todos).

Libro III
Combustión

Un pensamiento es una criatura marina que aguarda, camuflándose, la aparición de su presa. Ser animal: acometer el mundo sin renuncia. Ser animal: pensar este paisaje despoblado con los colores del instinto.

Siento esquirlas azules, la piedra de tres puntas del recuerdo, pisadas tortuosas de caballos salvajes. Pensar era dañarse y descubrirlo con la sangre, diferenciar en su chasquido idéntico la llama y el deshielo.

Un pensamiento también habrá de chirriar. Un pensamiento también cruje en las hondas vaguadas del abismo. La pureza nunca es insonora.

Mi pensamiento es hilo. Pensar avanza, cose, se entreteje, se despliega enlazándose a las cosas. El vuelo de las últimas alondras. La piedra invulnerable y las escolopendras que la guardan. La tarde que atraviesa los frutos glaucos del enebro. Ahí aguarda el pensamiento y su cordón celeste. El pensamiento es hilo y cuando dice el mundo

se vuelve red que todo lo captura.

¿CÓMO PENSAR el mundo y su penumbra, cómo pensar las grutas minerales, el vacío y sus bulbos cuerpo adentro, donde germinan los helechos místicos? Aquí hallarás la sed de los bisontes, el alba rota por las pezuñas de los ciervos, dentelladas de antílopes salvajes.

Mi pensamiento trata de adentrarse en el pulmón acuoso de la noche. La luz es una gota de metal. El silencio, grumosidades oceánicas. Quiero nombrar el vuelo y solo encuentro pájaros.

Mi pensamiento es una hierba azul que devoran confusamente animales rumiantes.

Afuera un mirlo inicia su despegue o aterriza. Queda enredado en la tarde, en el hilván de toda escarcha extinta, tentando, con cada batida de sus alas oscuras, la precisión del aire.

Va a amanecer de un momento a otro. O anochece: no importa.

Sin mi mirada, el mirlo
ni se repite ni sucede.

¿POR QUÉ HABRÍAMOS de padecer esta tortura de que el mundo sea pensable? Mi palabra huele a ropa sucia, a vísceras hundidas. Hace ya mucho tiempo que dejé de pensar mediante ellas. ¿Cómo extraer la roca de los pensamientos? El río posee un cauce, pero ¿cuál es el cauce de la piedra?

Mi pensamiento es una roca. Mi pensamiento es una combustión.

Mira cómo se enreda en los anzuelos de los pescadores.

TODO PAISAJE ES el propósito de mis sentidos. Hallazgo con el que relatar un tallo de caléndulas, los escombros de tapias calcinadas, y aquello que seamos capaces de nombrar en la extinción de lo que se repite.

En la rosa que pienso hay otra rosa que no existe, hay un jardín fantasma que aspiro y que es intraducible. ¿Cómo pensar el salto del guepardo, la rotación de pájaros insomnes o el modo en el que me dejas diminutos arrozales de deseo en los dedos? Tal vez mi voz se reconozca en las raíces del silencio, emisaria de una sed diáfana, de un rencor clandestino. Pero ¿y si al decir pudiera destruir lo pensable? ¿Y si nunca debimos traducir el surco de la tierra, las praderas insólitas que habitan lo indecible? Debimos calcinar sus intersticios. Calcinar las briznas de los seres. Mi palabra para incendiar el nombre de la espiga, el fantasma que habita en la raíz de celidonia.

Mis ideas surgen como una oscuridad de garzas y estorninos.
Únicamente en la calcinación del nombre
el mundo dejaría de morderme.

En mi pensamiento tal vez se hospeden las procesionarias.

Las larvas están cubiertas de un pelo urticante que segrega una toxina termolábil denominada Thaumatopina. No sé por qué os estoy contando esto: la Thaumatopina puede provocar irritación de oídos, nariz y de garganta en los seres humanos. Creo que yo soy ese pensamiento que trata de infectarme. Creo que soy mi propia plaga. La identidad me invade.

Ese momento en que el pensamiento solo puede atesorar su propia falta, rodear, asediar, la incompletitud que lo persigue. Pensar para cifrar la brecha en lo pensable. Sentir que el pensamiento es fuego desatado, su propio incendio. Mi pensamiento era un exilio de las cosas. El vaciamiento, la magulladura. No hay flor alguna que germine en sus paredes húmedas y esquivas.

El poema como la ulceración de un cuerpo cósmico. Vitíligo en la piel de la materia.

Probablemente la existencia sea el caso más palpable de egocentrismo. El universo mirándose a sí mismo, otorgándose ojos, bocas y palabras con que poder nombrarse. Que el universo haya decidido crearnos para verse las pelusas del ombligo (esto es: las leyes de la física, los secretos arcanos, sus orígenes inmemoriales) no habla muy bien del Todo. La subjetividad es la *fellatio* cósmica definitiva, un uroboros pavoneándose, orgulloso, como un contorsionista en *chaturbate*.

Mi palabra solo sobrevive en lo que desaparece: en
la destrucción de la espuma o la oxidación del hierro,
en las llanuras de jacintos bajo el diluvio.

El légamo abre sus idiomas, la vibración de lo
inexacto,
sus blancos cegadores.

Se ha producido un cisne en esa vacuidad de la
mirada,
en el hueco de todos los lenguajes.

La transparencia es una arquitectura. Sus colum-
natas de silencio erigen
el arquitrabe de las aguas, sus enigmas,
el rumor afincado en la renuncia
de todo aquello que hace cuerpo: polen
o savia, conchas y vitrales,
el esparto, las frías
zanjas amortajadas de rocío
y sus inacabables enramadas

disueltas en las manos húmedas del día.

Ignoro el agua. Desconozco sus ritos, su escritura, el origen de su mansedumbre. Escribo sin saber qué es el agua, pero la toco y bebo lentamente. Siento el agua y su dulce transparencia, la luminosidad sonora de su piel. Y sin embargo nadie entiende el agua. Quizás porque no hay signos, rugosidades, vetas que la revelen, errores que permitan enjuiciarla. Tan solo agua: no somos dignos de beberla. No somos ni siquiera dignos de pensarla, de poetizar su exceso de medida, su permanencia y música, que acaba diluyéndose en las manos. El agua: secreto de las formas. Flor sin el doble de los signos, sin el filo de acero de la noche. El agua que carece de inscripción, que equivoca su paso cuando es lluvia, que habita la memoria cuando es nieve; agua que reconoce los altares de toda permanencia.

Libro IV
Epifanía

I

Ahora que siento el impulso casi místico de escribir sobre el poema después de haber sobrevivido al atragantamiento –fallido– por un insignificante cacahuete, a mis cuarenta y dos años y en relativa posesión de mis facultades físicas y mentales, con mis funciones de deglución al fin restauradas, pienso que es el momento de concebir el espacio del poema como testimonio de derrota. Sirvan estas palabras no tanto como legado testamentario sino como reflexión sobre topología lírica. ¿Desde dónde se escribe, si no es desde la imposibilidad de dar con lo escribible? ¿Qué es nombrar, sino la traducción de un insecto impalpable que asoma entre las grietas de tu pensamiento? Ahí tienes la prueba: trata de imaginar el mundo sin el cauce de las palabras o los cuerpos. Sin imágenes, sin la semiosis angustiante de un amasijo de raíces que se curvasen hasta hacer florecer el tallo de una idea. La claridad, el vuelo de los ánades. El éxtasis dorado de la tarde. Pero qué luz mordida ni qué gaitas: por mucho que pretendas nombrar esas esquinas del mundo, sus desperfectos, las escoriaciones, los límites a donde no llegan los pájaros, la verdad se descascarilla en un lenguaje que no logra unificar su trama de colapsos. El poema devora todo límite, pero no consigue congregar el auténtico silencio que reclama. Se disputa los huecos de existencia como pequeños gorriones que picoteasen unas migajas de ontología heideggeriana (porque el silencio está hecho de lombrices, el vacío son llagas y bulbosidades de un cuerpo lacerado): es hora de asumir que la poesía no es indestructible. Inmensos olivares certifican su asombro. Densas caricias que rindieran tributo al hallazgo entre dos cuerpos refrendan la inmediatez de la poesía, su no lugar: el poema debe destruirse para tocar el vuelo o la semilla. No existe la poesía, sino el cuerpo (o al menos no debería existir tal y como la convocamos en la página). Con esto no estoy diciendo que nos apuntemos a una *jam session* brutal, orgiástica, celebratoria de lo inane: la inexistencia material de la poesía no ofrece carta blanca para pegar berridos en los escenarios. El poema es la ulceración de lo existente, y por ello la poesía misma representa el juego profano por automutilarse (por lo general, toda mutilación emula lo sagrado: despedazar el todo para sacralizar la falta resultante). La poesía es el delicado esfínter de la irrealidad. Y la realidad acaba pareciéndose, a menudo, al cuchillo en las manos del suicida.

Sin el poema, ¿cómo saborear las cenizas de la muerte?

II

La revelación se abre paso por la tráquea de los ciervos. ¿Cuál es la historia de la luz? ¿A qué genealogía responde lo lumínico? Los cuerpos habitaron antes de ser vistos. Antes, incluso, de ser iluminados, como simientes de un océano nocturno. El avispero blanco de las cosas. La fluorescencia inmemorial del cosmos. Cuando llegó la luz, el mundo se vistió de sombras. Recordemos: no existía una anatomía de la sombra antes de que la luz embistiera a los seres como una res ávida y lasciva. Ojalá ser bebido por la luz. Ojalá no abrir esta orquídea negra, no tirar sus pétalos tumorales por el retrete de los universos. Pero si he querido destruir la orquídea, si he devorado la flor celeste o los tallos glandulares que ensartan la geografía de los seres, si he escrito, en definitiva, estas pocas páginas, era para entender cómo la luz infecta nuestros cuerpos, cómo la luz es una plaga y somos corrompidos por ella. La luz, claridad derramándose en nosotros, arañando la piel, certificando nuestra oscuridad interna, eterna, indomeñable.

El tiempo de la luz y su genealogía nunca dicha. Hasta hoy, en que un rayo de luz clarea entre los cedros, acaricia el pelaje de las bestias, y el ciervo bebe su revelación.

III

¿Conseguiste reunir todas las piezas del poema (todas las piezas del suicida)? Algunos versos han revoloteado como mariposas que sellaran los labios de los muertos. Imagino la palabra como una larga enfermedad, una dolencia imperceptible. Para poder entrar en las habitaciones del dolor bastaba con una sola puerta: las palabras son insectos que moran lo invisible (insectos que han heredado nuestra asfixia). Escribir, por tanto, es propagar la plaga, tratar de acostumbrarse a los venenos. Dosificar, también, la culpa. ¿Hasta dónde puede destruirse el poema, fragmentar sus semillas y arruinar las esquirlas? No destruir su forma, su materia porosa de palabras, sino alcanzar un cataclismo preciso y minucioso de todo lo poético. Romper, sesgar, despezar la lírica en átomos al vuelo. Pues no hay fractura que el verbo no soporte. El poema podría reducirse a un polvo limpio, imperceptible, y emplazarse después en los fragmentos que desertaron al soplar el diente de león. La poesía solo puede contenerse en la arena que palpas, que tientas grano a grano, y que se disemina en lo cóncavo del día. Respirar el poema y contagiarse. Escribir para herirse, hacer fístula o llaga. Incisión de la página y la carne. Qué ingenuidad pensar que la escritura habría de salvarnos o que encontraríamos en ella un modo de apresar lo imposible del mirlo. Qué ingenuidad contar con las palabras, con la música o con el pensamiento, para dar cabida al sauce y a la sombra azul de los castaños. Quisimos bautizar a los cerezos, pero la vida nos golpeó en la cara con las vasijas sucias que coloca la muerte en los estantes de tu nombre. Un ánfora para determinar el peso de tu culpa. Una tinaja en donde albergar el terror de haber manchado un cuerpo. Una clepsidra para el tiempo que tardarán tus hijos en morirse.

Ah el poema que descubre los hilos enredados de la revelación torneando el plumón reciente de las crías de milano. Ah la palabra que nos acerca cada día más a la muerte entendida como el intento inútil por aferrar una mano, y que esa mano nunca vuelva a estar presente.

Ah el silencio en el que liberar la bestia impredecible. Debes tañer tres veces la campana.

IV

El delirio es una cerradura. La noche vuelca sus silencios ante el paisaje desmembrado. El delirio es una cerradura y no tienes la llave.

Imagina la muerte como un océano sin límites. En tus manos sostendrás el último espejo, aquel que en sus azogues no refleja nada, y que derramará tu imagen en las aguas serenas de la madrugada. Hay penachos de ramos de glicina desparramándose sobre tu olvido. Hay restos de una cacería profana en todo lo que dices, en aquello que ampara tu memoria, tus poemas inanes. Tu palabra ha ulcerado el mundo en su pureza.

Imagínate entonces una muerte oceánica, completa, en donde hallar al fin la permanencia, tentar la nebulosa que recorre los ojos de los peces, roer el universo. Y sin embargo la humedad trepa hasta tus sienes. La noche te reclama mientras en tu cadáver las algas y corales se confunden.

La muerte trae, al fin, una llave en sus dedos sigilosos.
No apartes la mirada.
La oscuridad es verde para los ojos del ahogado.

V

No cumplimos el pacto. El deseo construye mi cuerpo en aquellas zonas deshabitadas de los bosques. Mira allá el escorzo de la encina, los espaciados pájaros, el musgo húmedo que resplandece bajo la lengua de los jabalíes. ¿Por qué escribir el cuerpo, mi cuerpo? ¿Por qué trazar en mí los agujeros de una falta, llagas de lo que no me pertenece? Todo mi brazo espumas, y la boca raíz, flor, hormiguero; cada miembro una fruta malograda o una parvada de zorzales. Mi torso como tapias para la enredadera, maizal para serpientes imprevistas, esqueje en que la llama de la vendimia incendie mis señales. Escribir es el hueco, huecos como el camino hasta otro cuerpo, madrigueras hacia lo imposible. Porque el espacio que nos deshabita está poblado de palabras, igual que un herpes retorciéndose por la pureza del vacío.

Todo aquello a lo que diste nombre, entonces, pertenece a nuestras cicatrices.

ÍNDICE

PREMIOS NICOLÁS DEL HIERRO

Si por mi nombre alguna vez me llamas
Pilar de Vicente-Gella. Premio Nicolás del Hierro 1997
Vespertino monólogo, campana de la sombra
José Javier Aleixandre. Premio Nicolás del Hierro 1998
Frondas
José Luis Zerón Huguet. Premio Nicolás del Hierro 1999
Hallazgo de la visión
Javier Díaz Gil. Premio Nicolás del Hierro 2000
Cantar ya no podremos como entonces
Manuel Pérez-Casaux. Premio Nicolás del Hierro 2001
Sin papeles
Miguel López Crespí. Premio Nicolás del Hierro 2002
La casa transparente
Jesús Riosalido. Premio Nicolás del Hierro 2003
Jardín al mar
María Antonia Ricas. Premio Nicolás del Hierro 2004
Palabras reservadas
Vicente Martín Martín. Premio Nicolás del Hierro 2005
Mirar y ser mirada
Sonia R. Fides. Premio Nicolás del Hierro 2006
Las cántigas del diablo
Óscar Martín Centeno. Premio Nicolás del Hierro 2007
Sombra despierta
Celia Bautista Iglesias. Premio Nicolás del Hierro 2008
Los cielos tardíos
María Sanz. Premio Nicolás del Hierro 2009

Esta edición quedó dispuesta para la tinta
en septiembre de 2025,
escribir es otra mística.